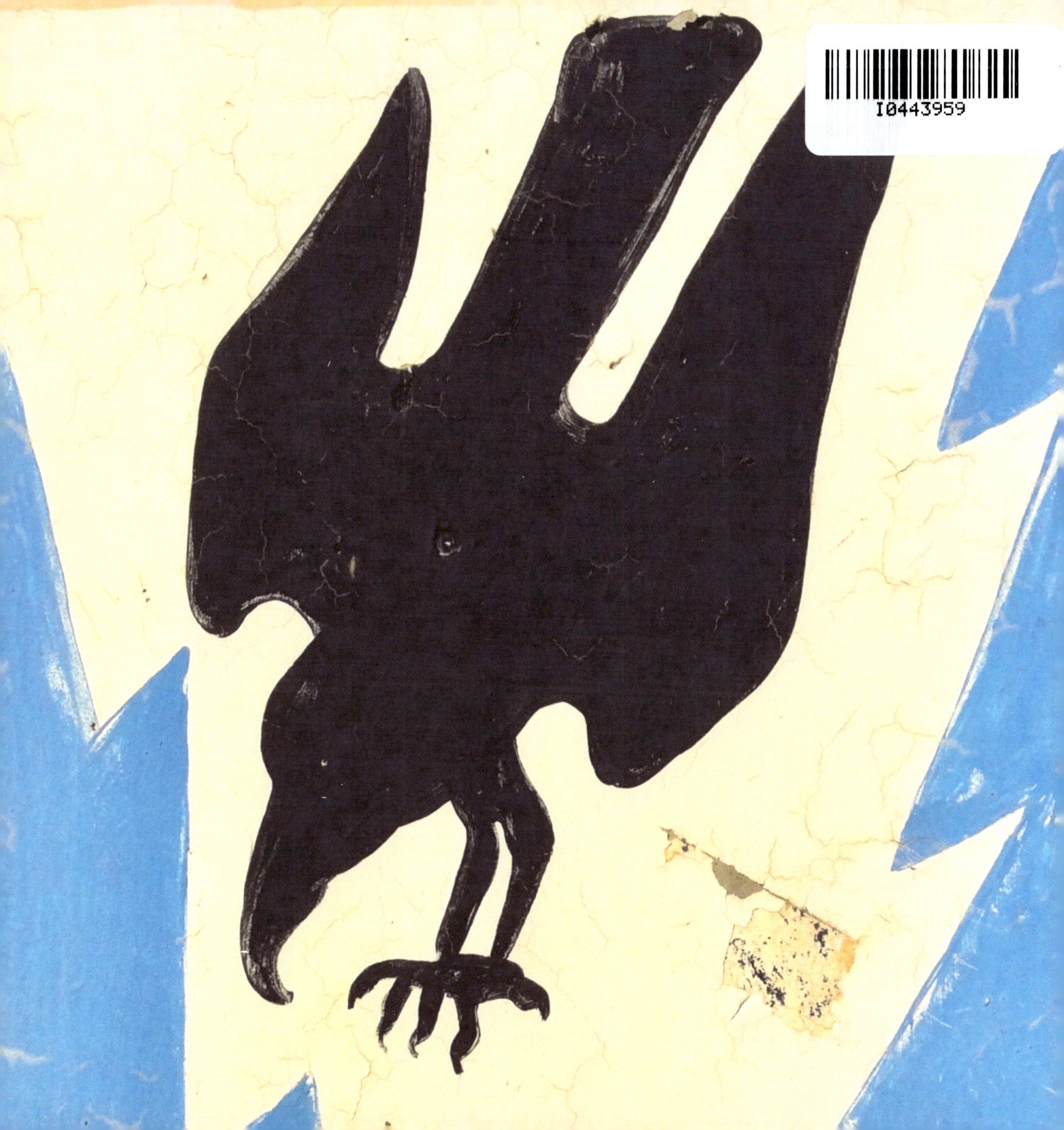

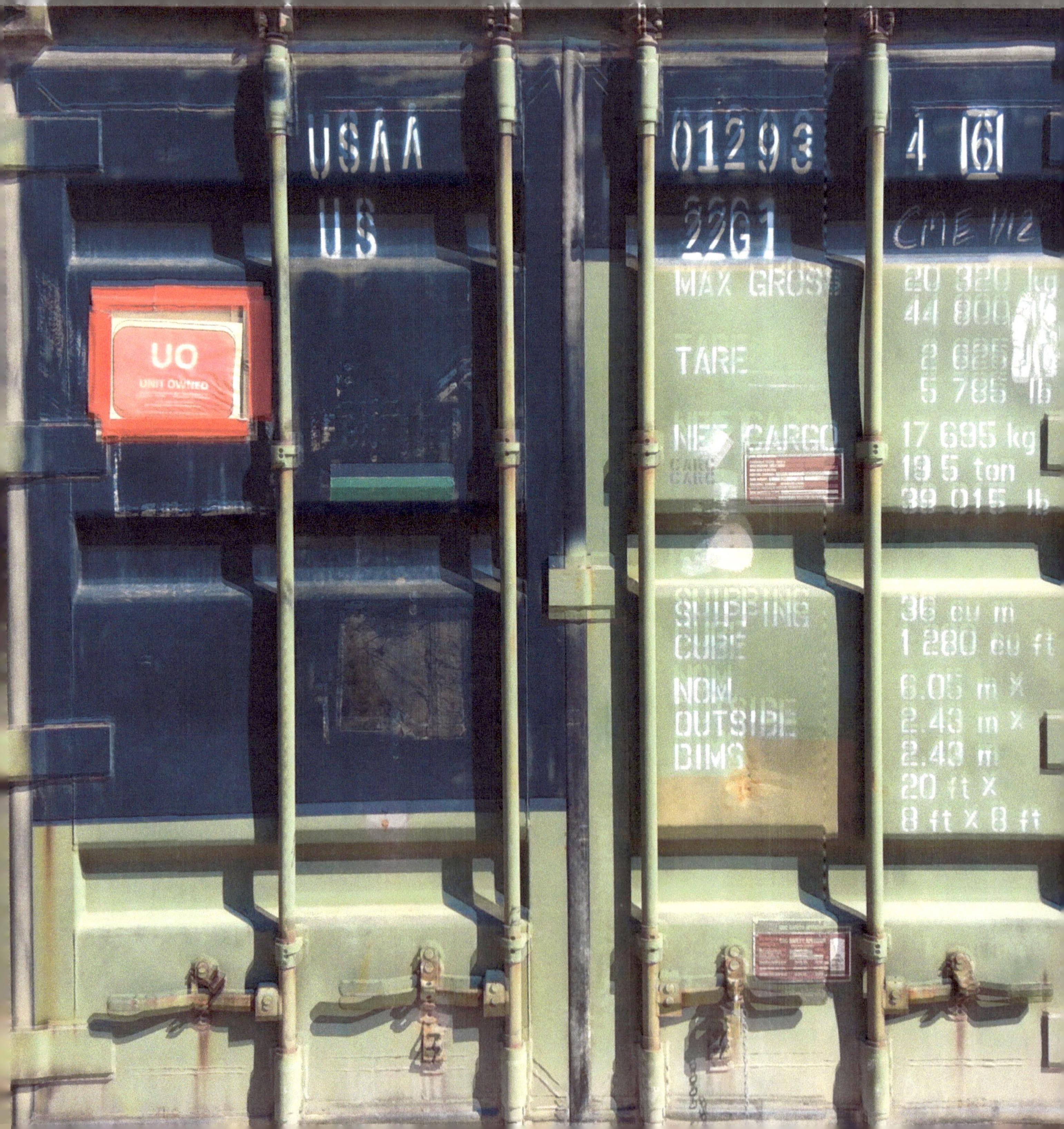
USAA 01293 4 6
US 22G1
UO
UNIT OWNED
MAX GROSS
20 320 kg
44 800
TARE
2 625
5 785 lb
NET CARGO
17 695 kg
19.5 ton
39 015 lb
SHIPPING CUBE
36 cu m
1 280 cu ft
NOM OUTSIDE DIMS
6.05 m x
2.43 m x
2.43 m
20 ft x
8 ft x 8 ft

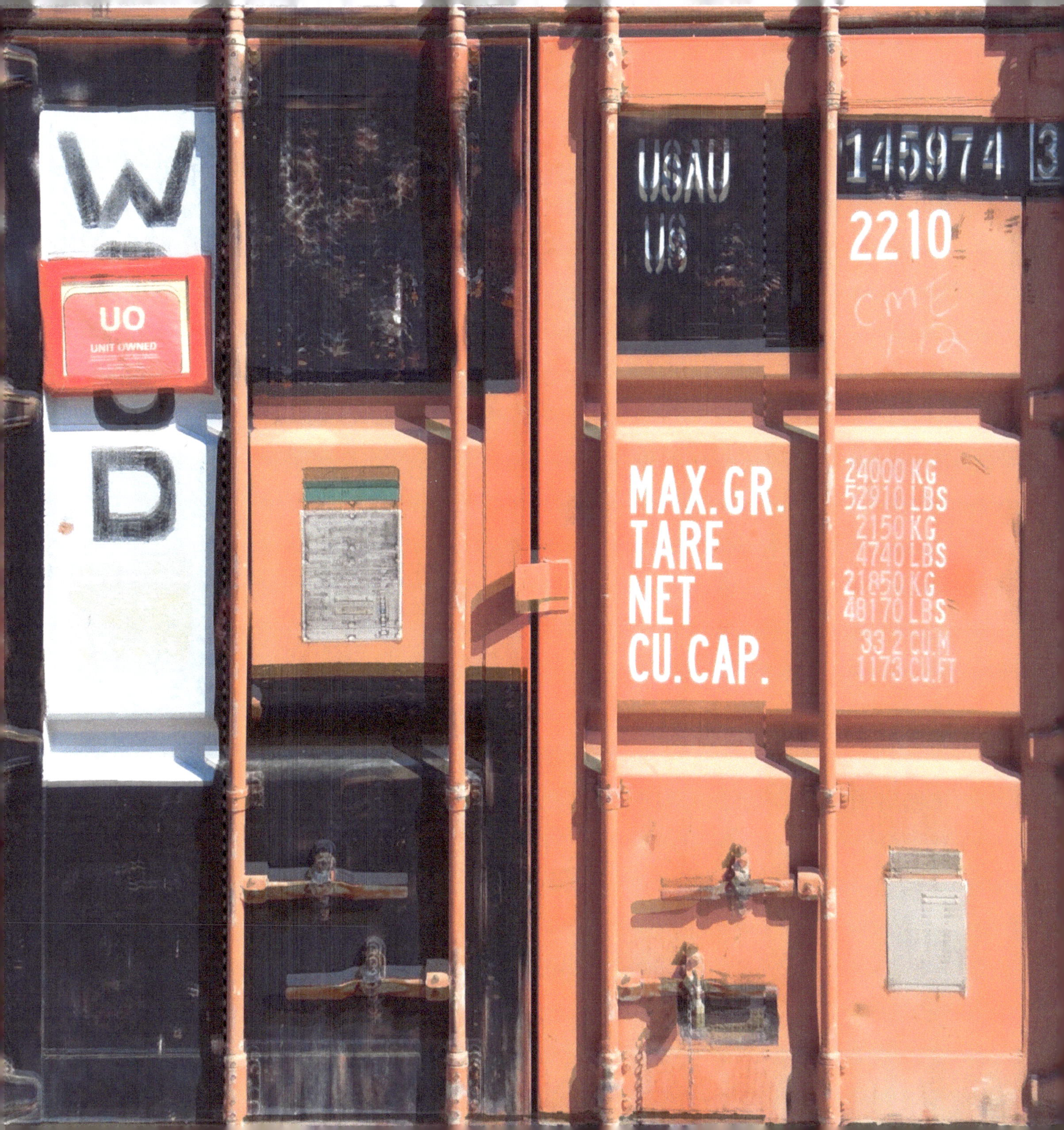
UO
UNIT OWNED
USAU
US
145974 3
2210
MAX.GR. 24000 KG 52910 LBS
TARE 2150 KG 4740 LBS
NET 21850 KG 48170 LBS
CU.CAP. 33.2 CU.M 1173 CU.FT

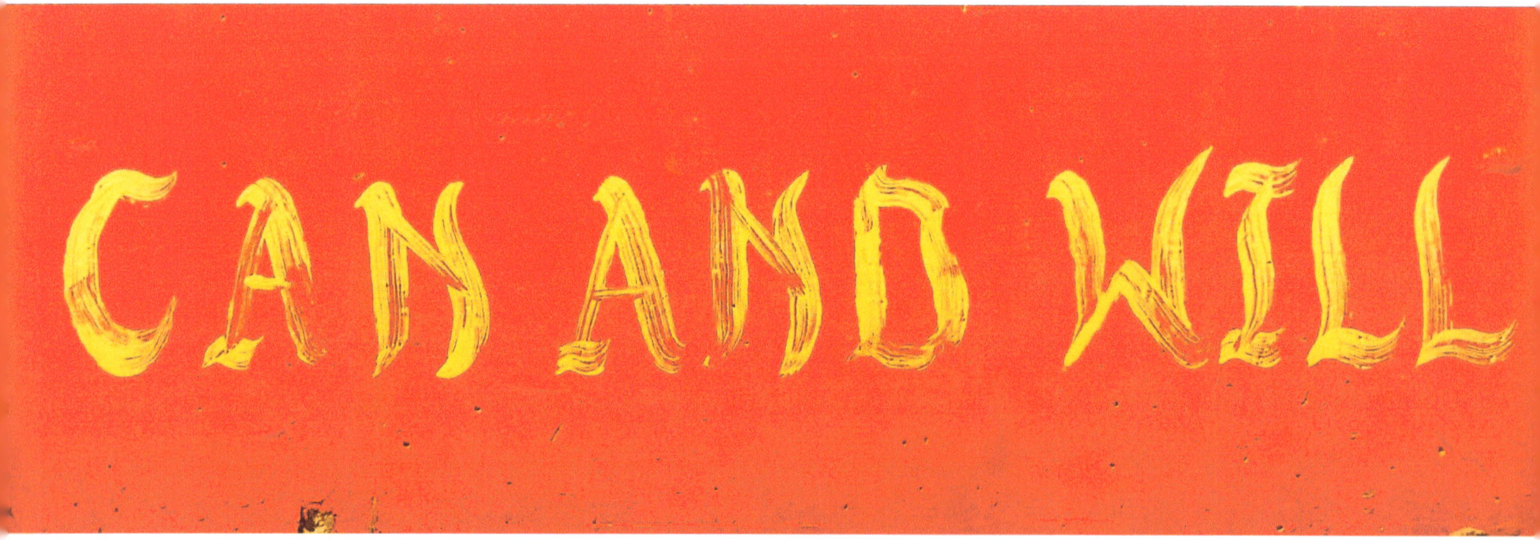
CAN AND WILL

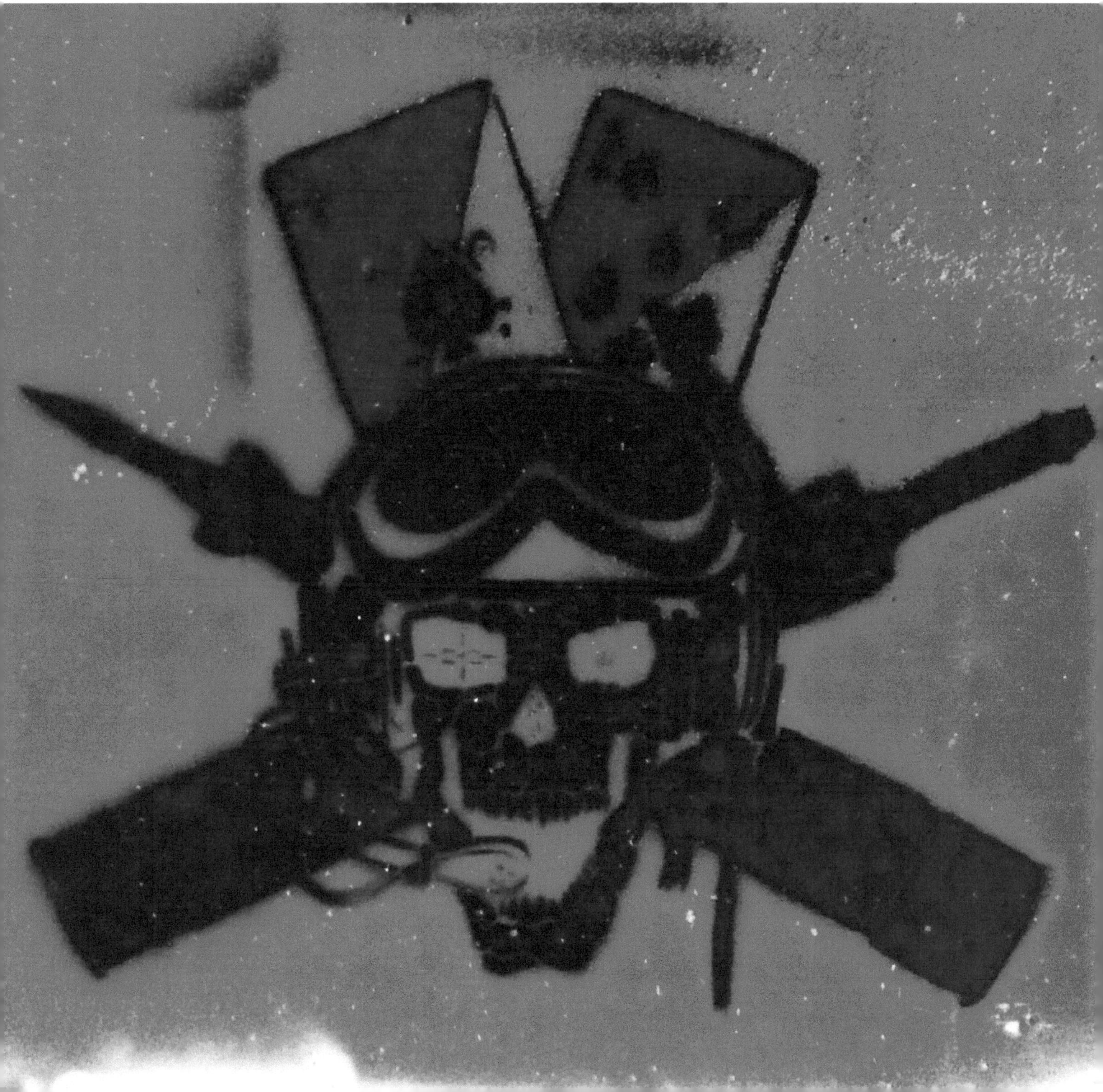

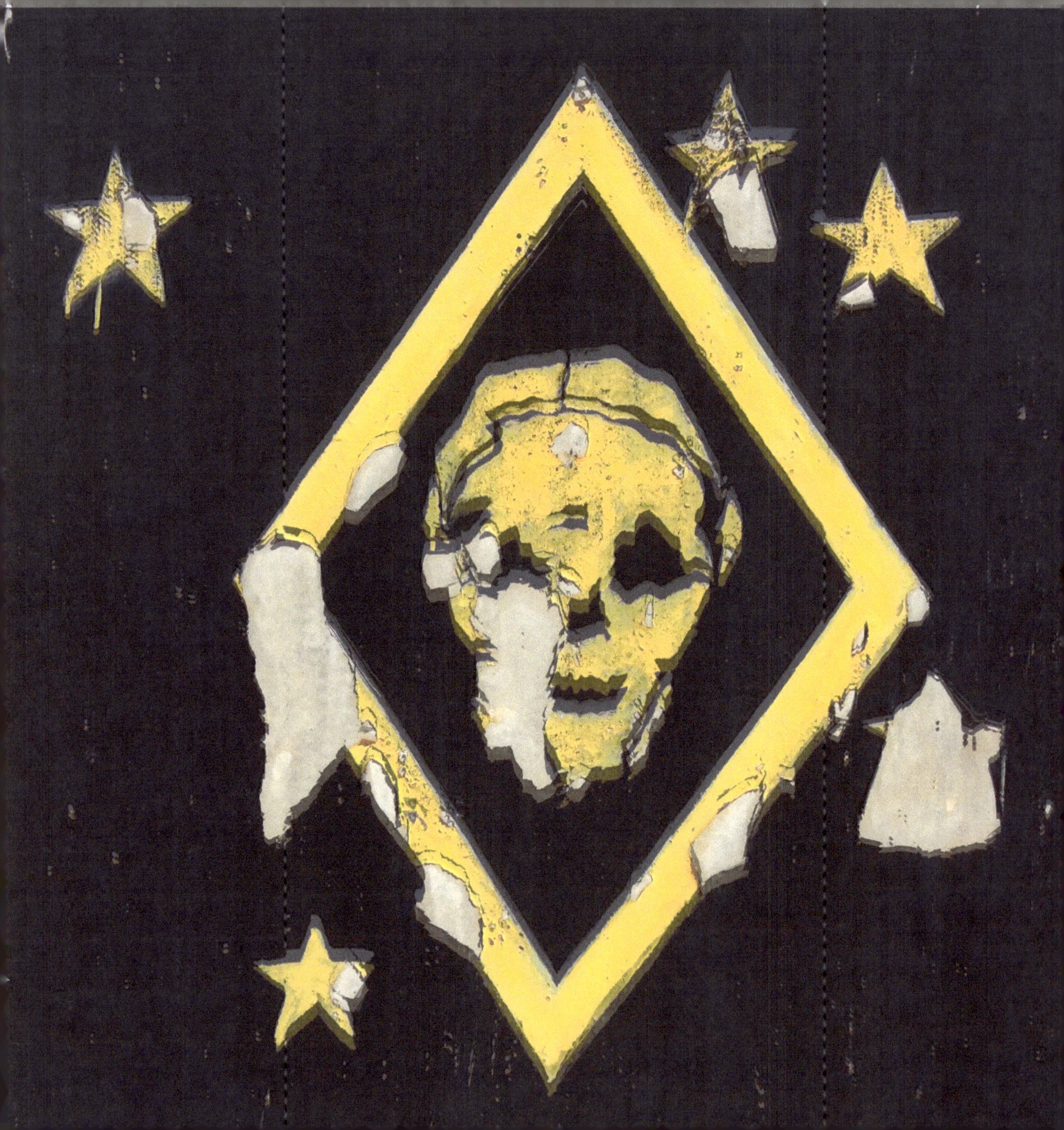

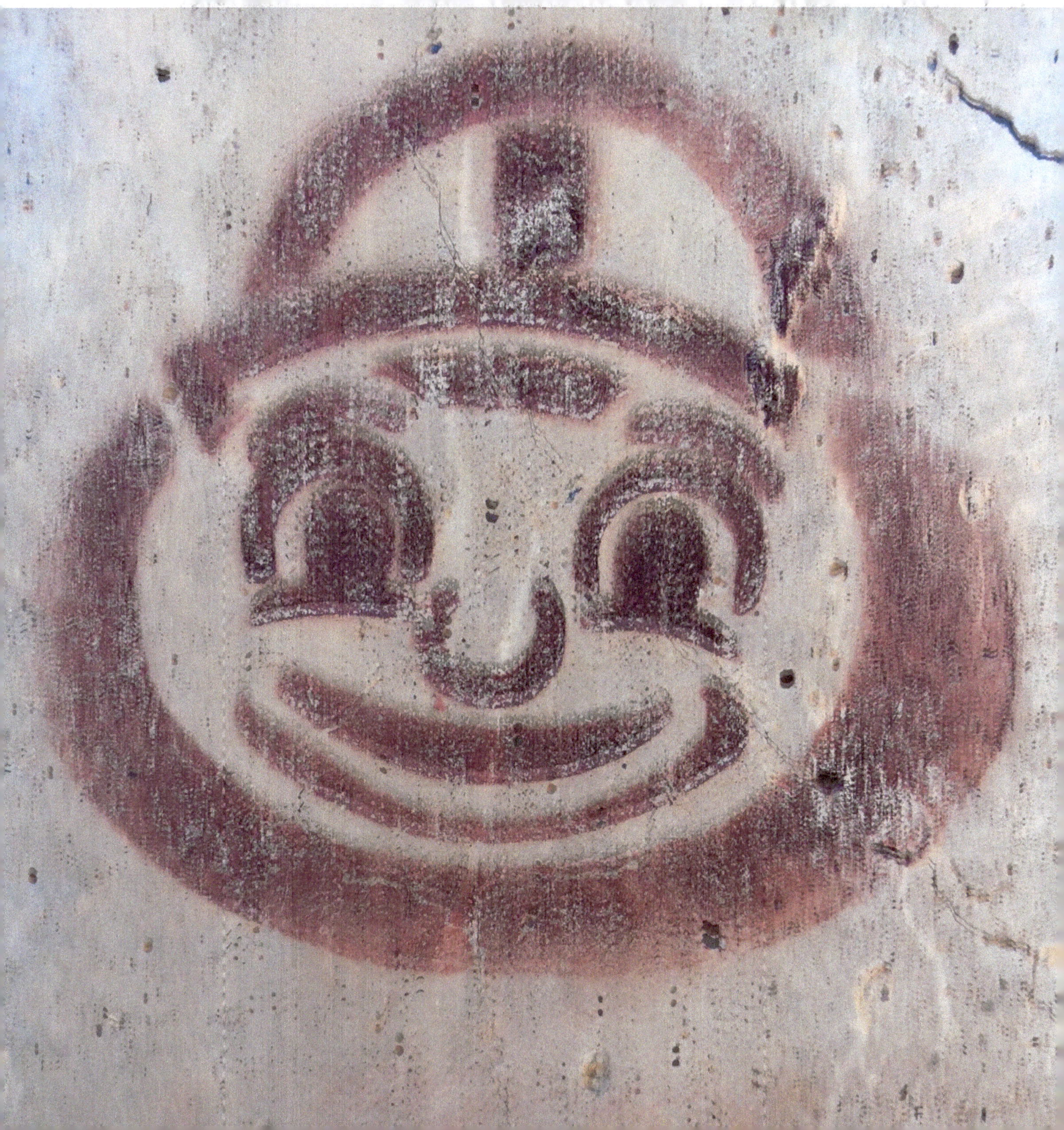

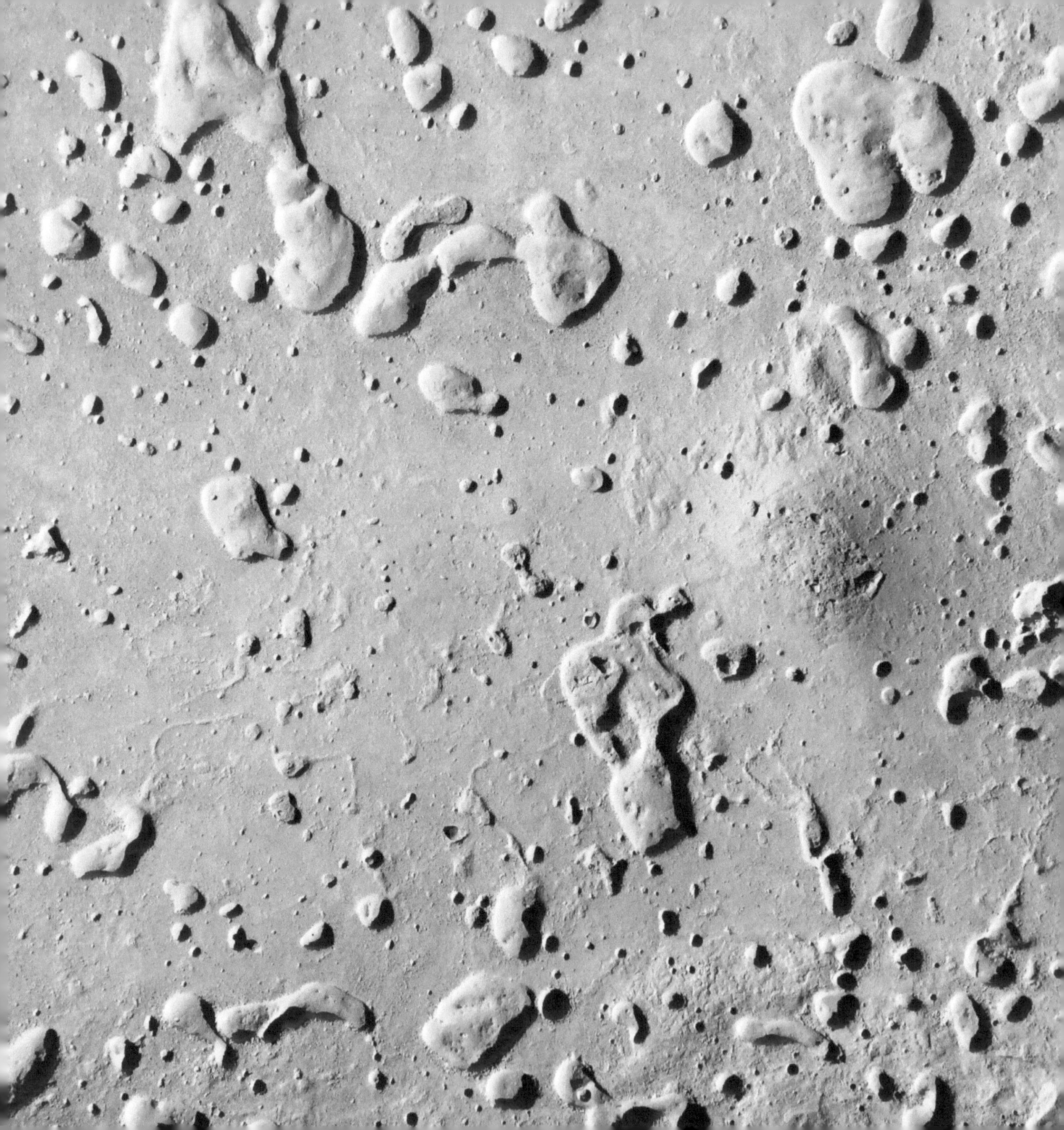

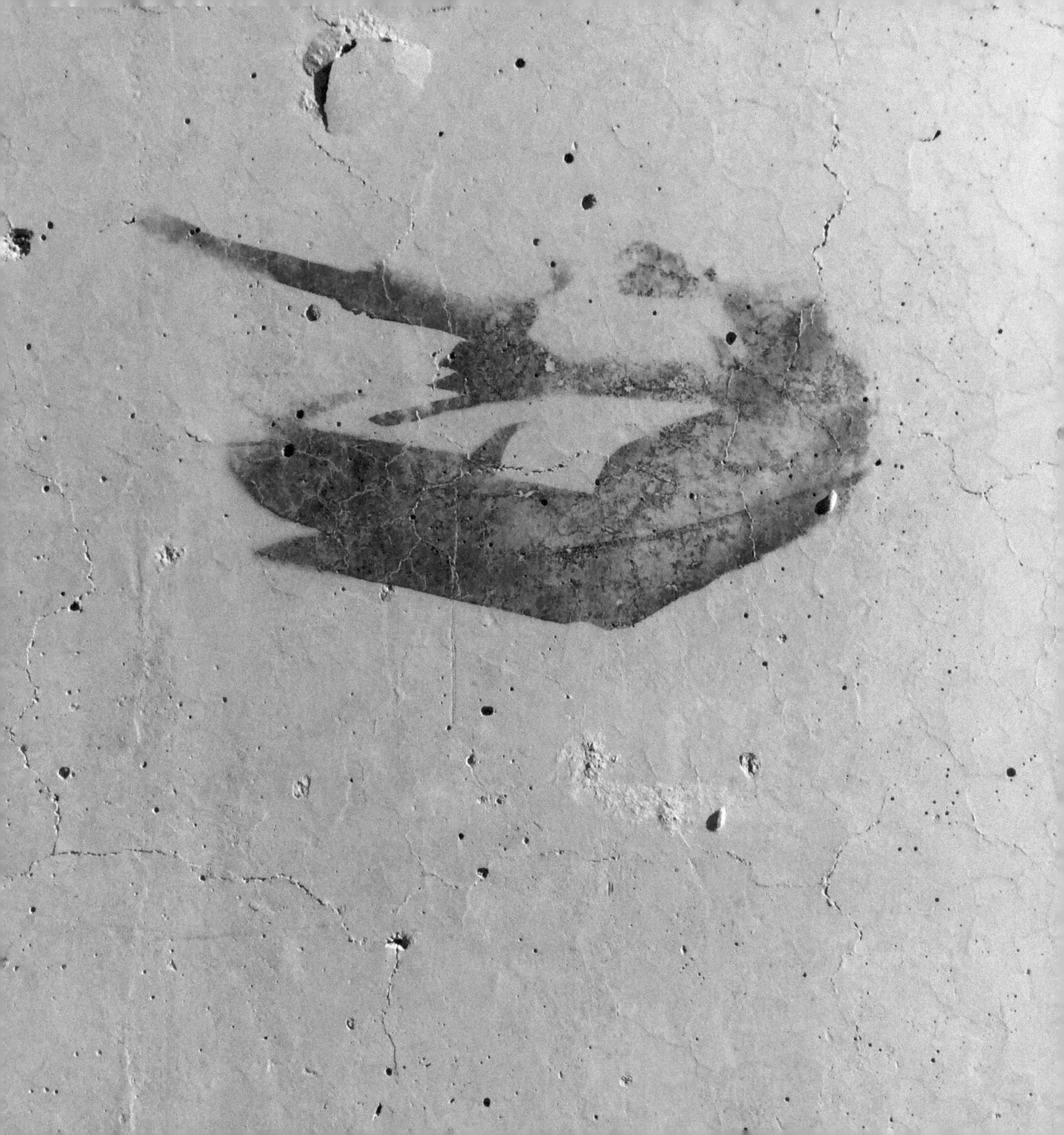

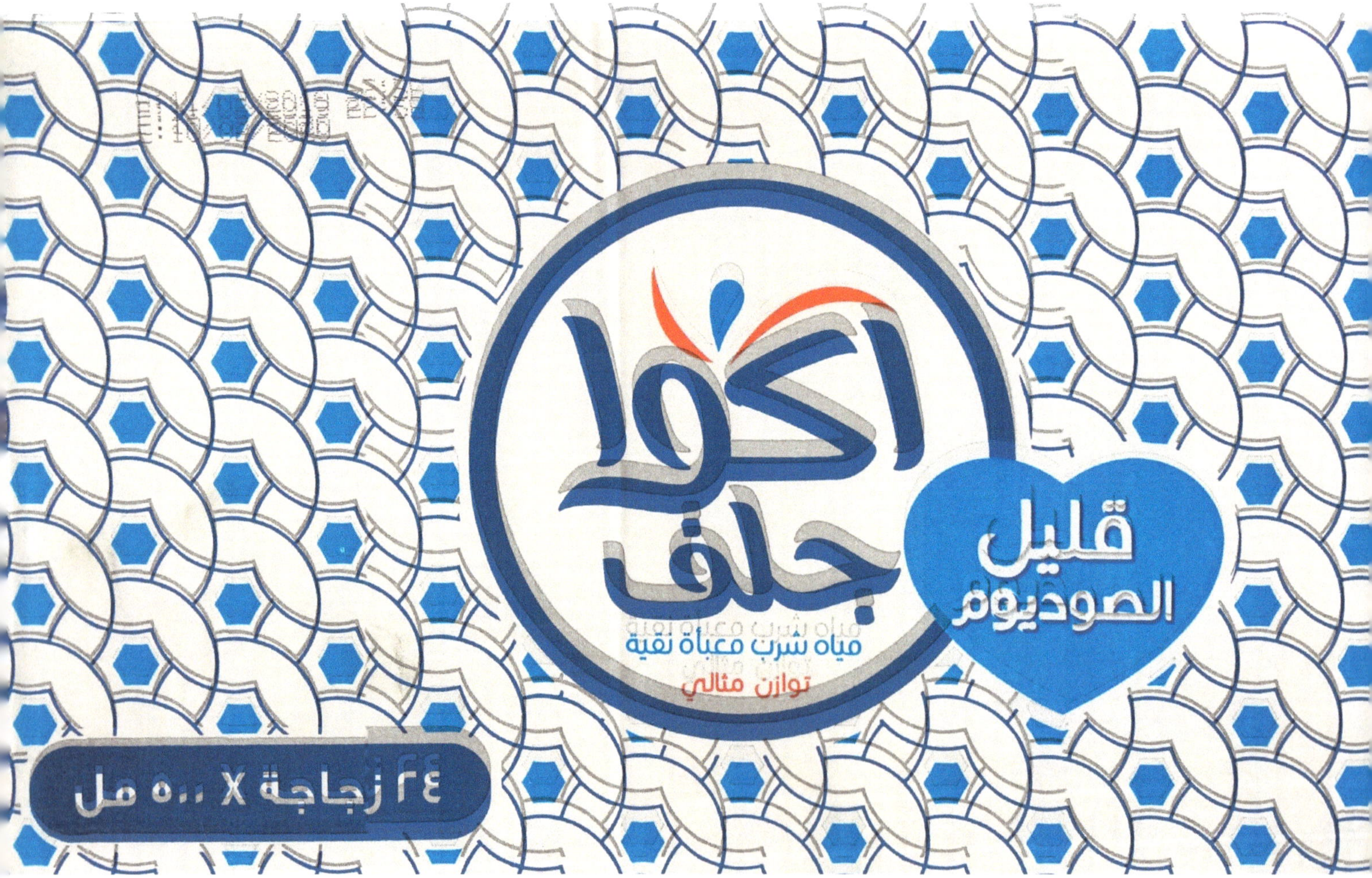
اكوا
جلف
مياه شرب معبأة نقية
توازن مثالي
قليل
الصوديوم
٢٤ زجاجة X ٥٠٠ مل

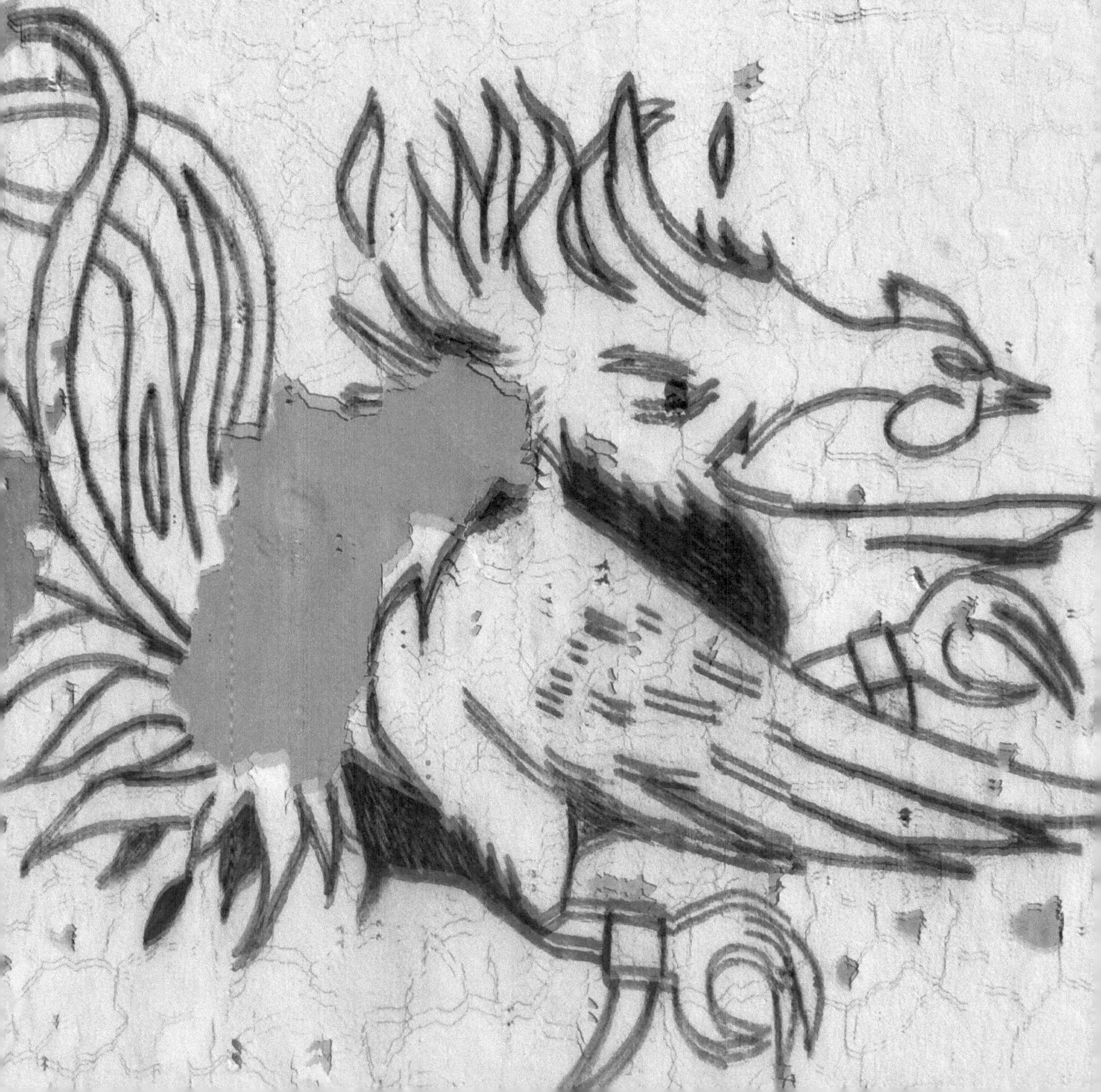

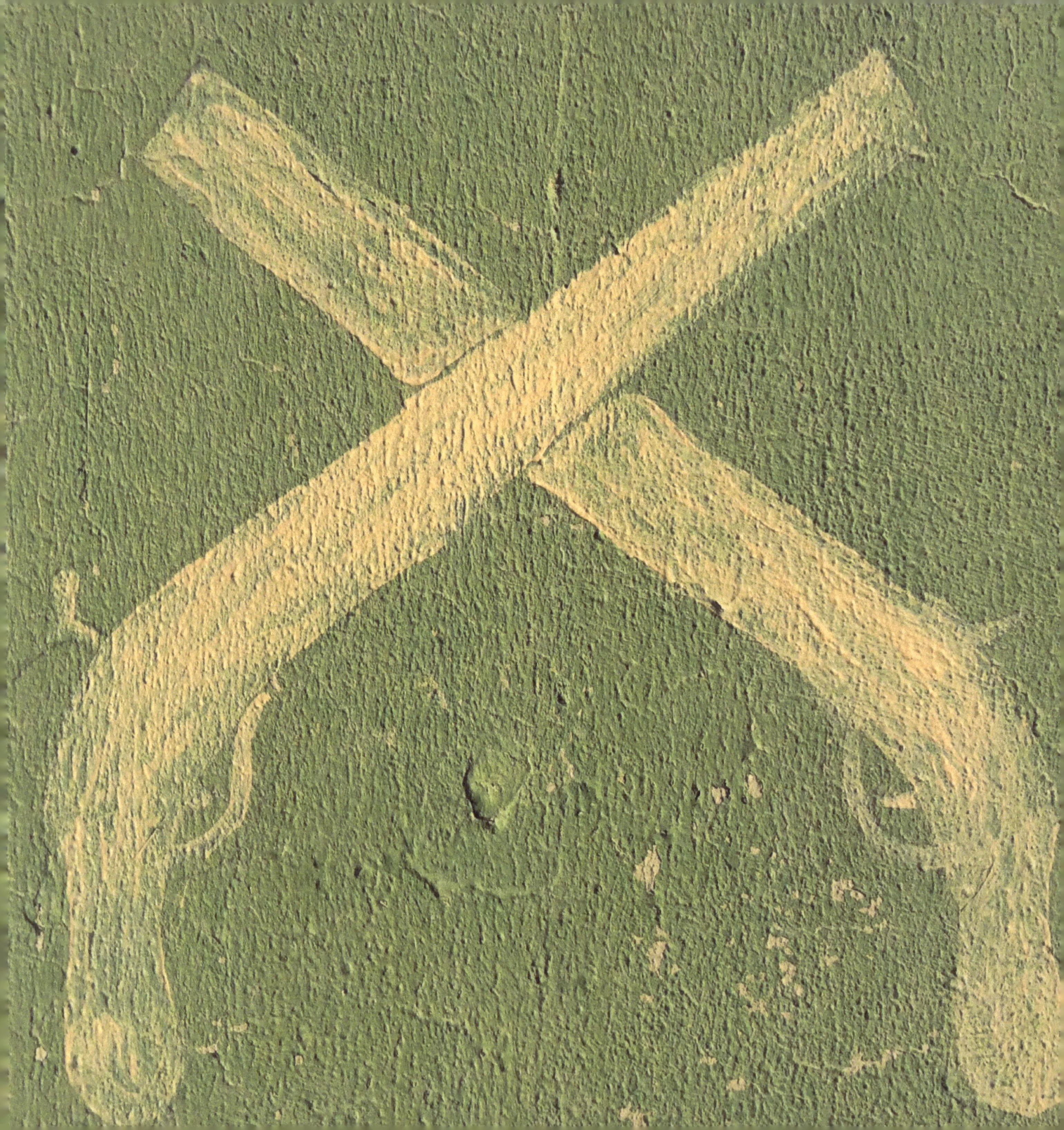

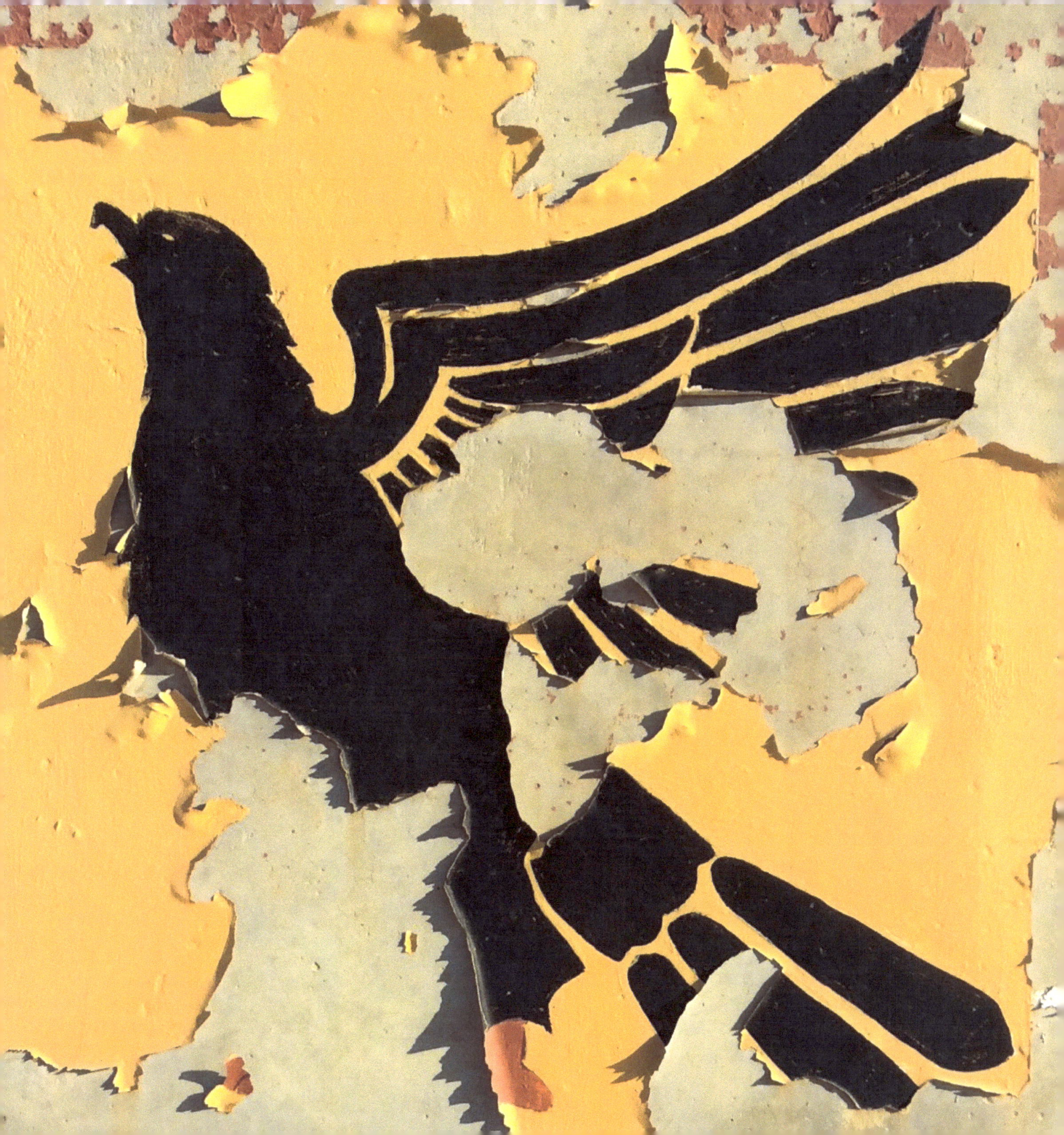

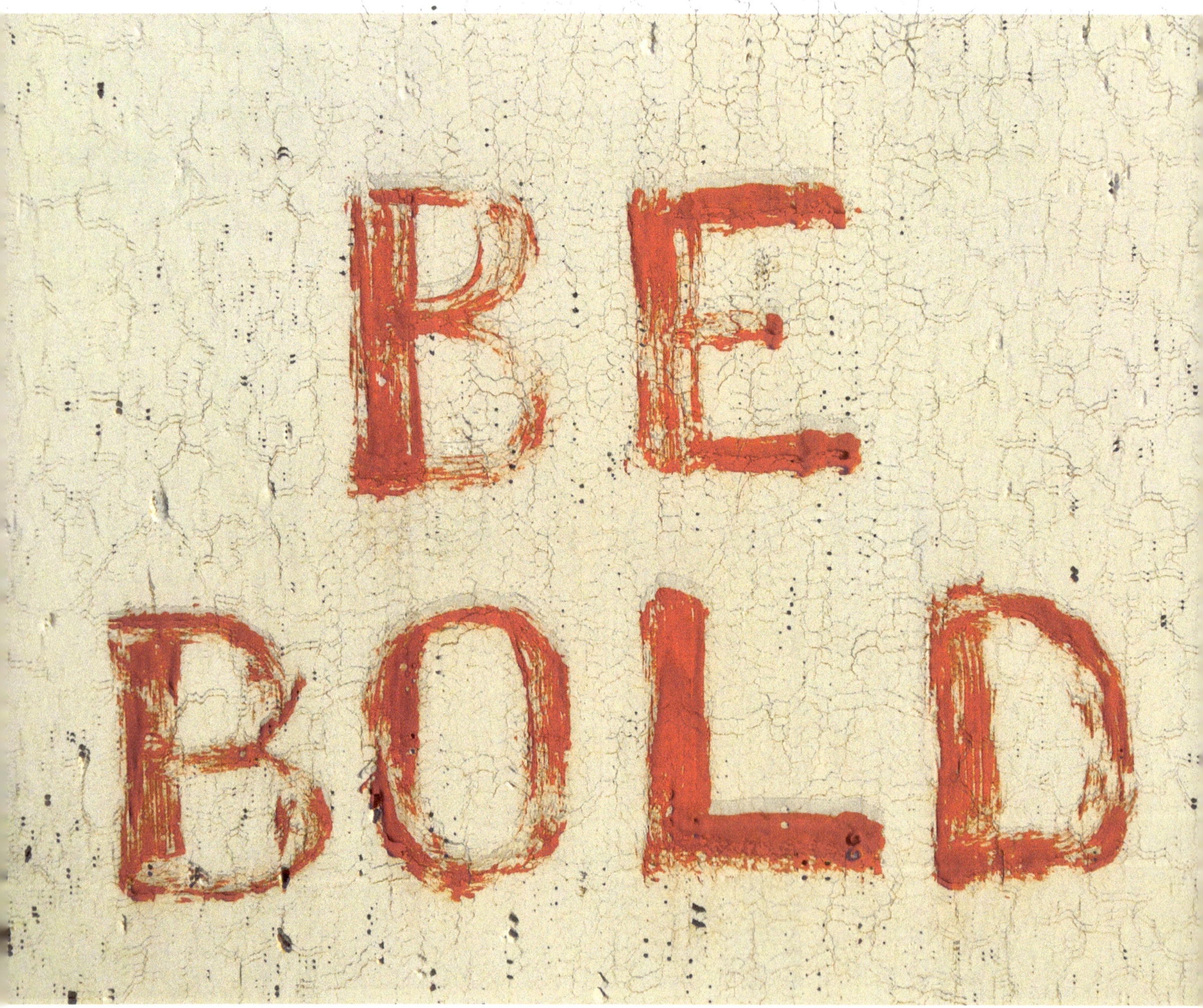
BE
BOLD

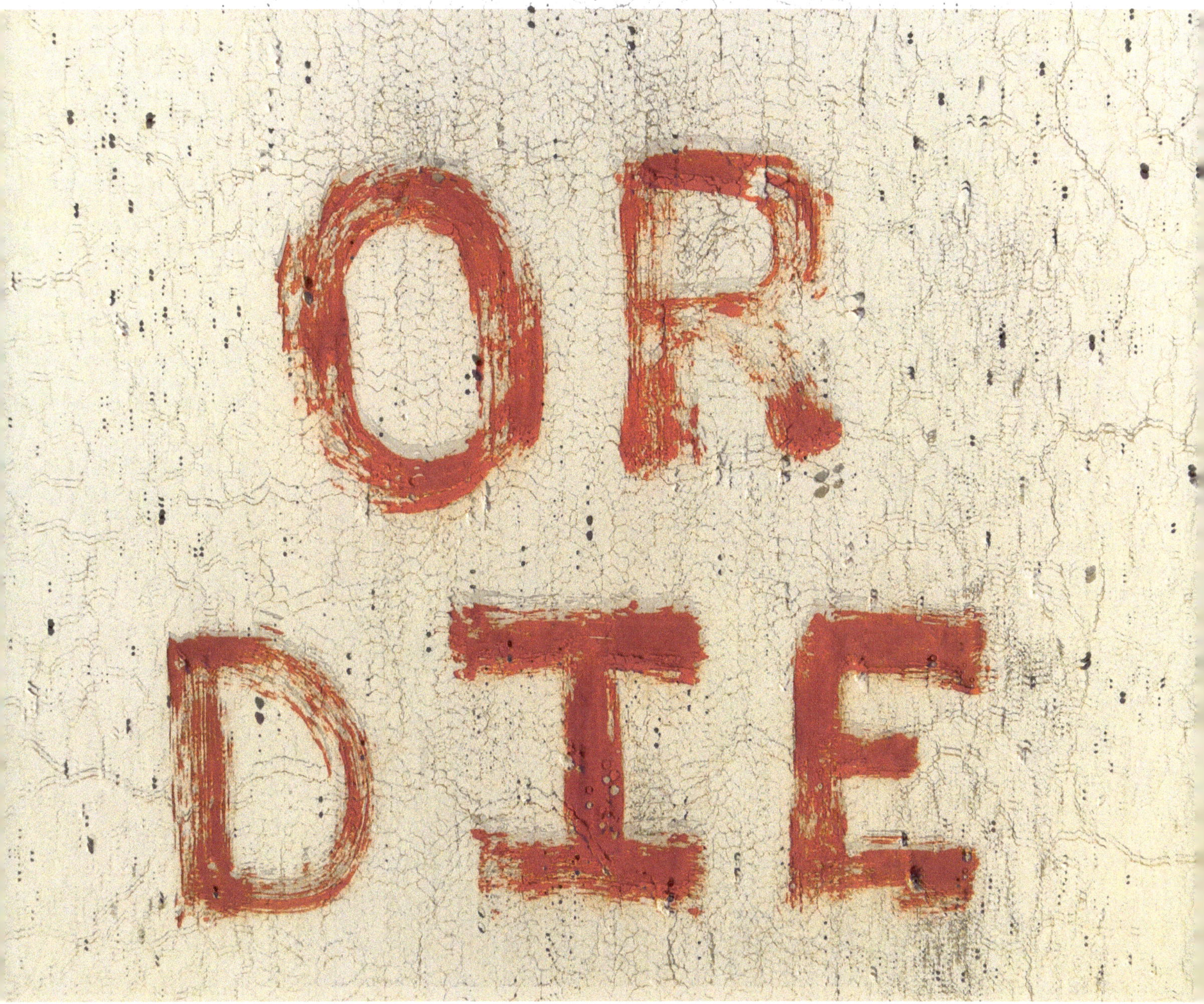
OR
DIE

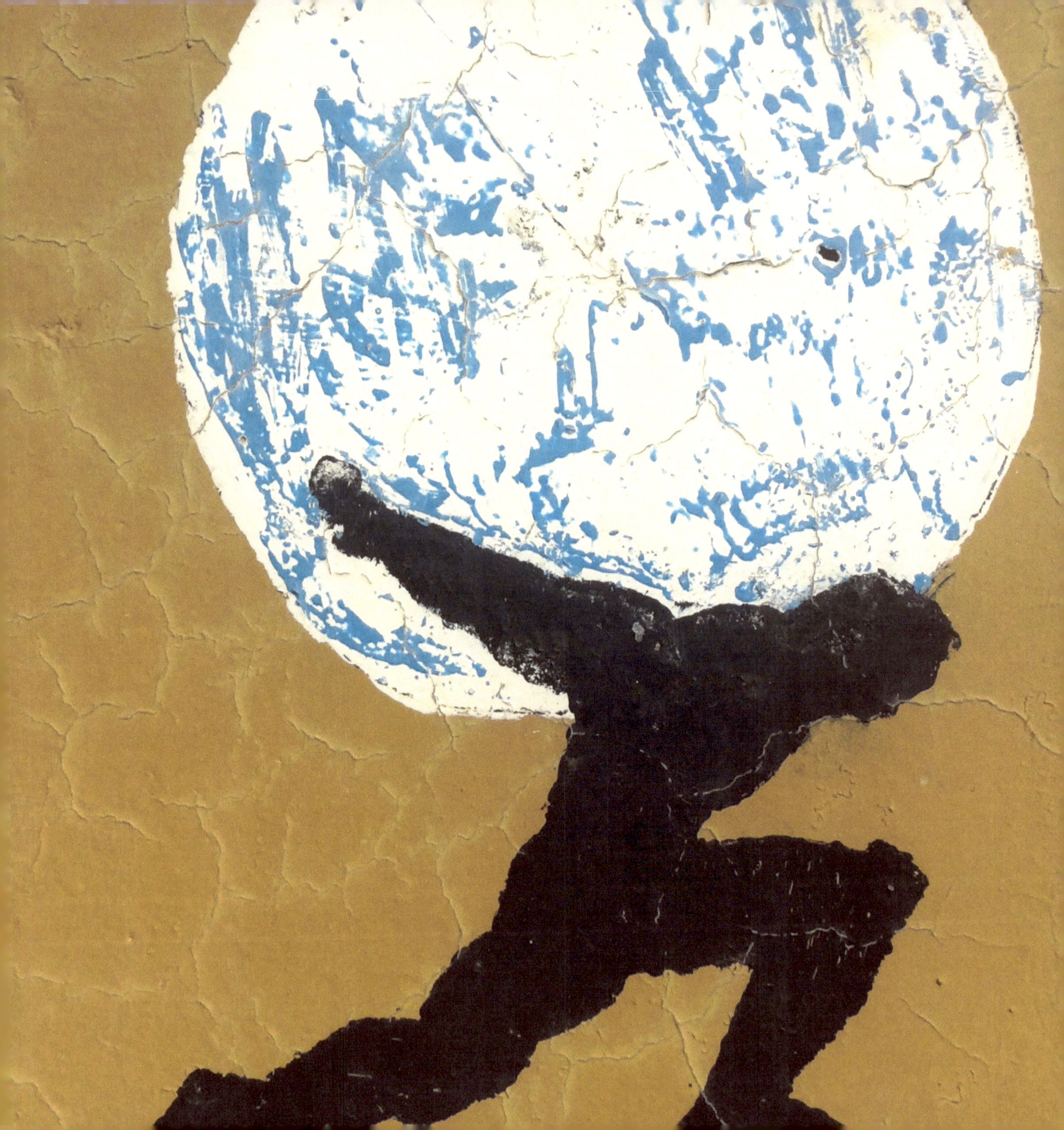

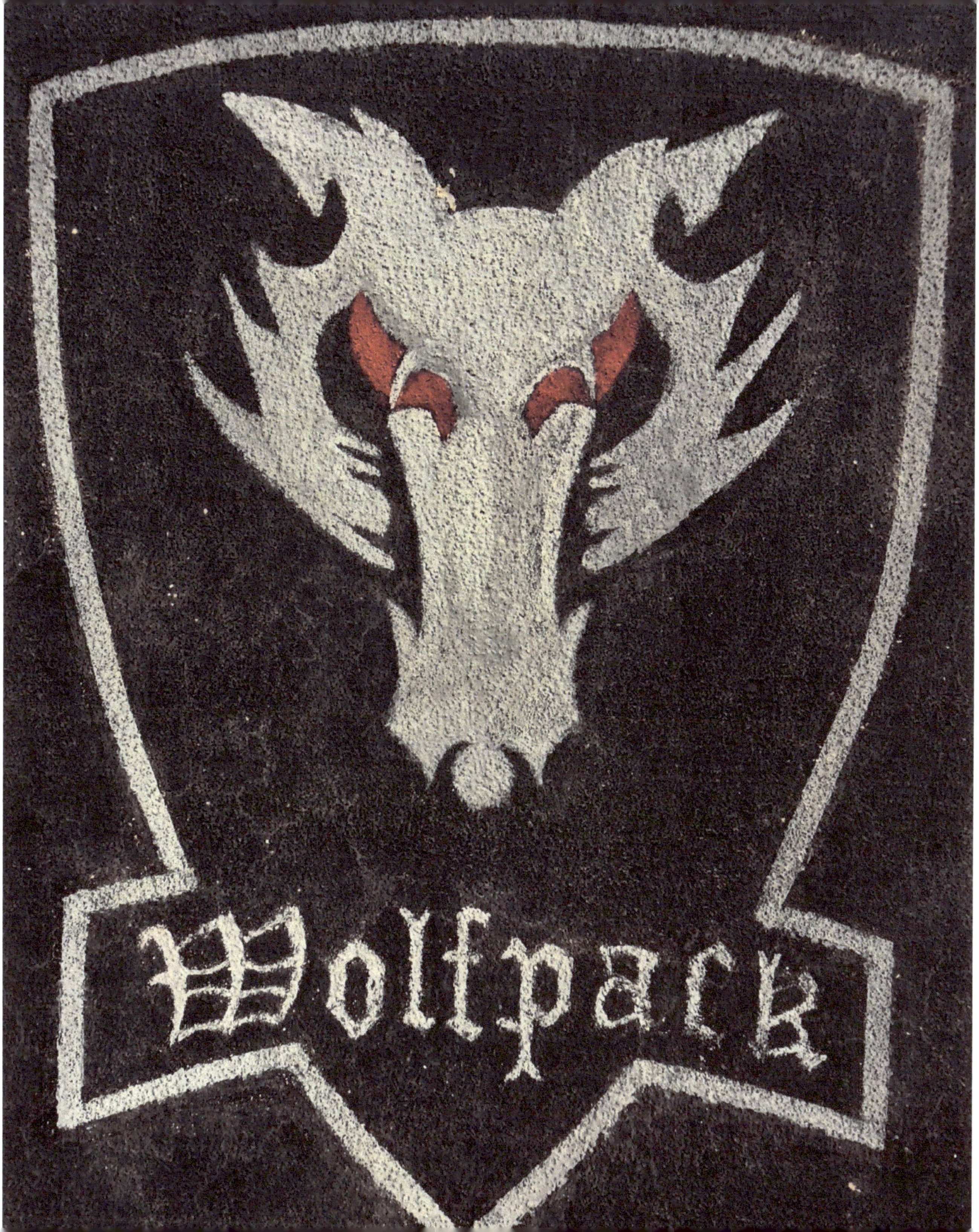
Wolfpack

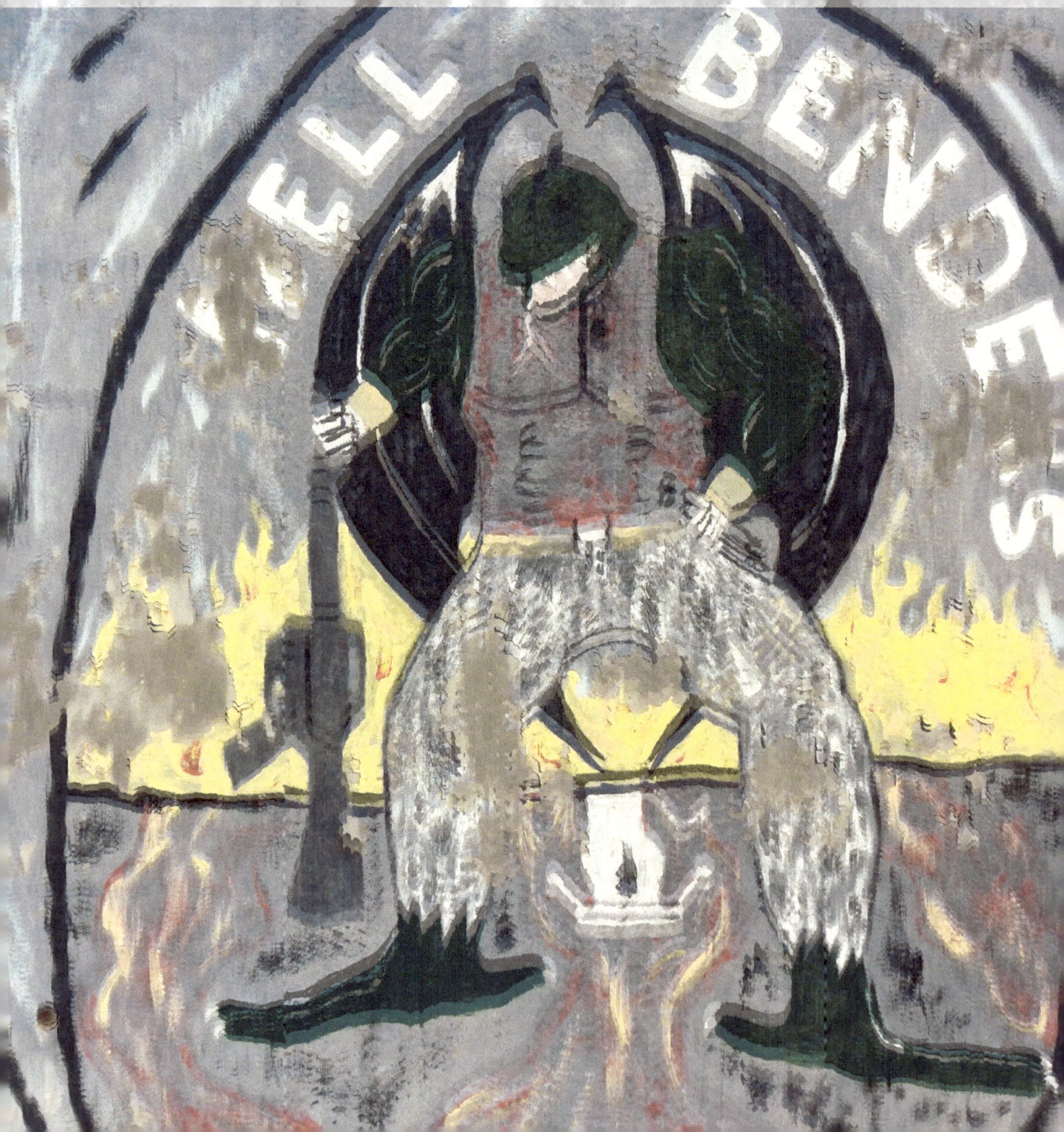
ELL
BENDE S

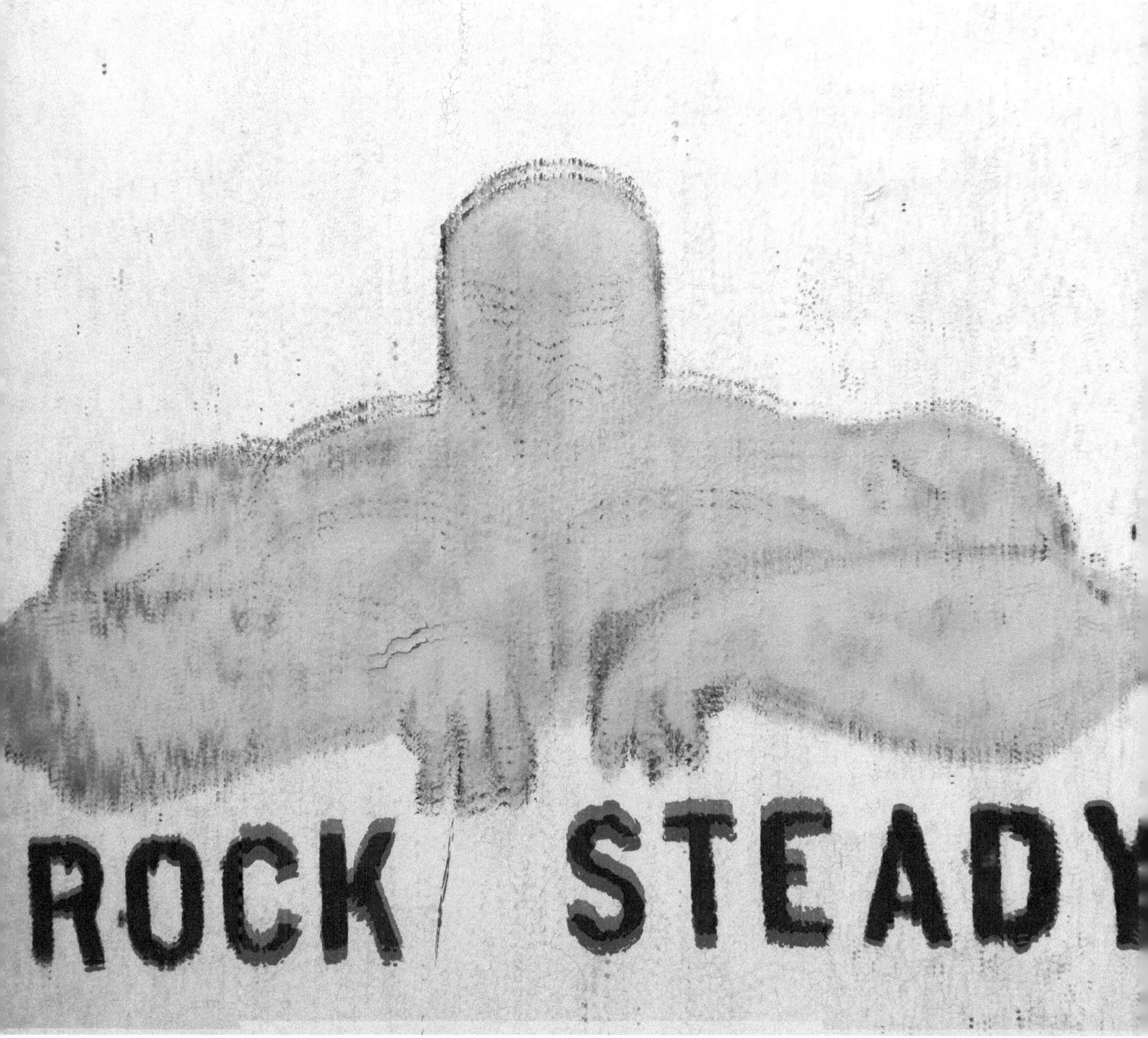
ROCK STEADY

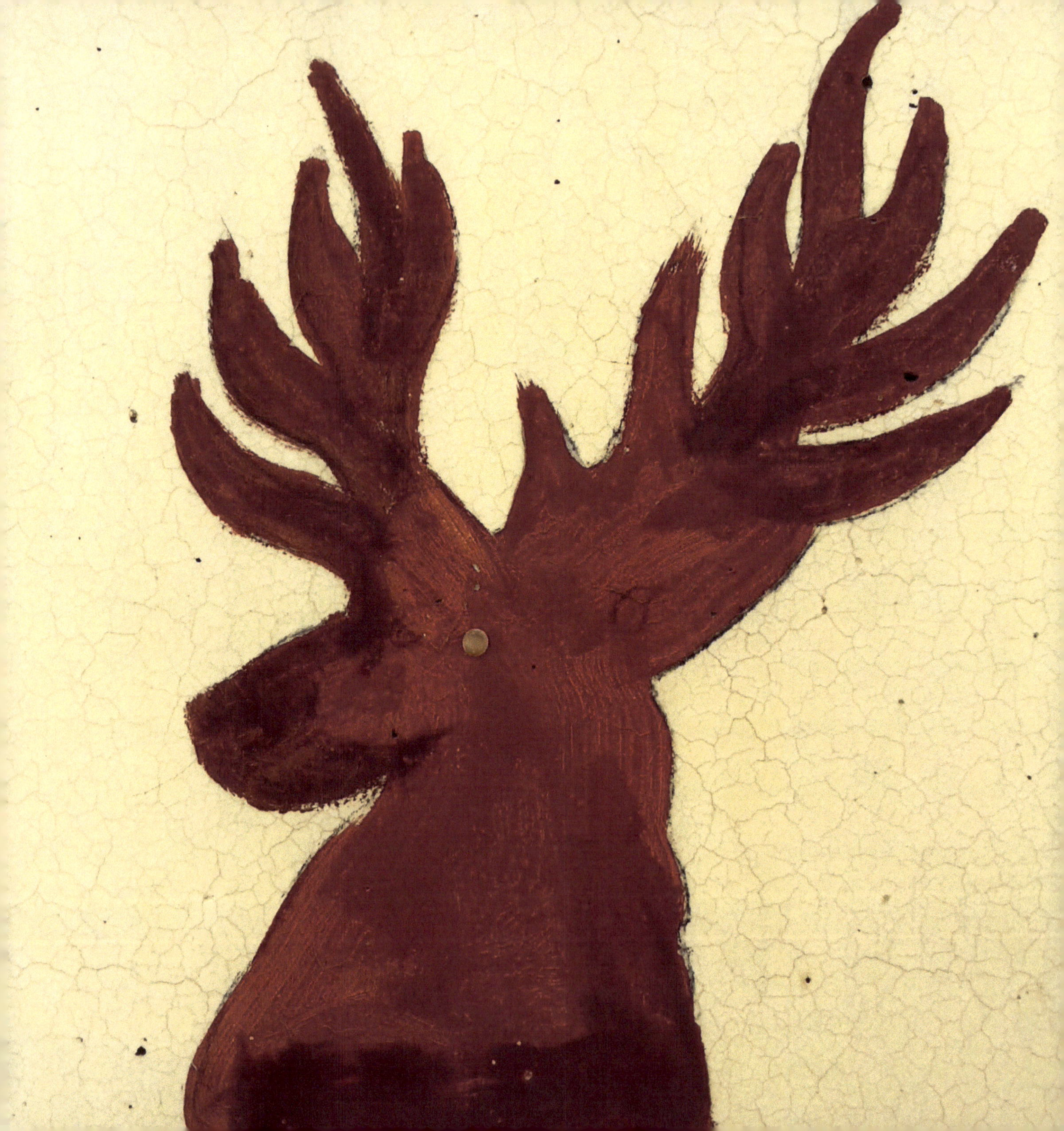

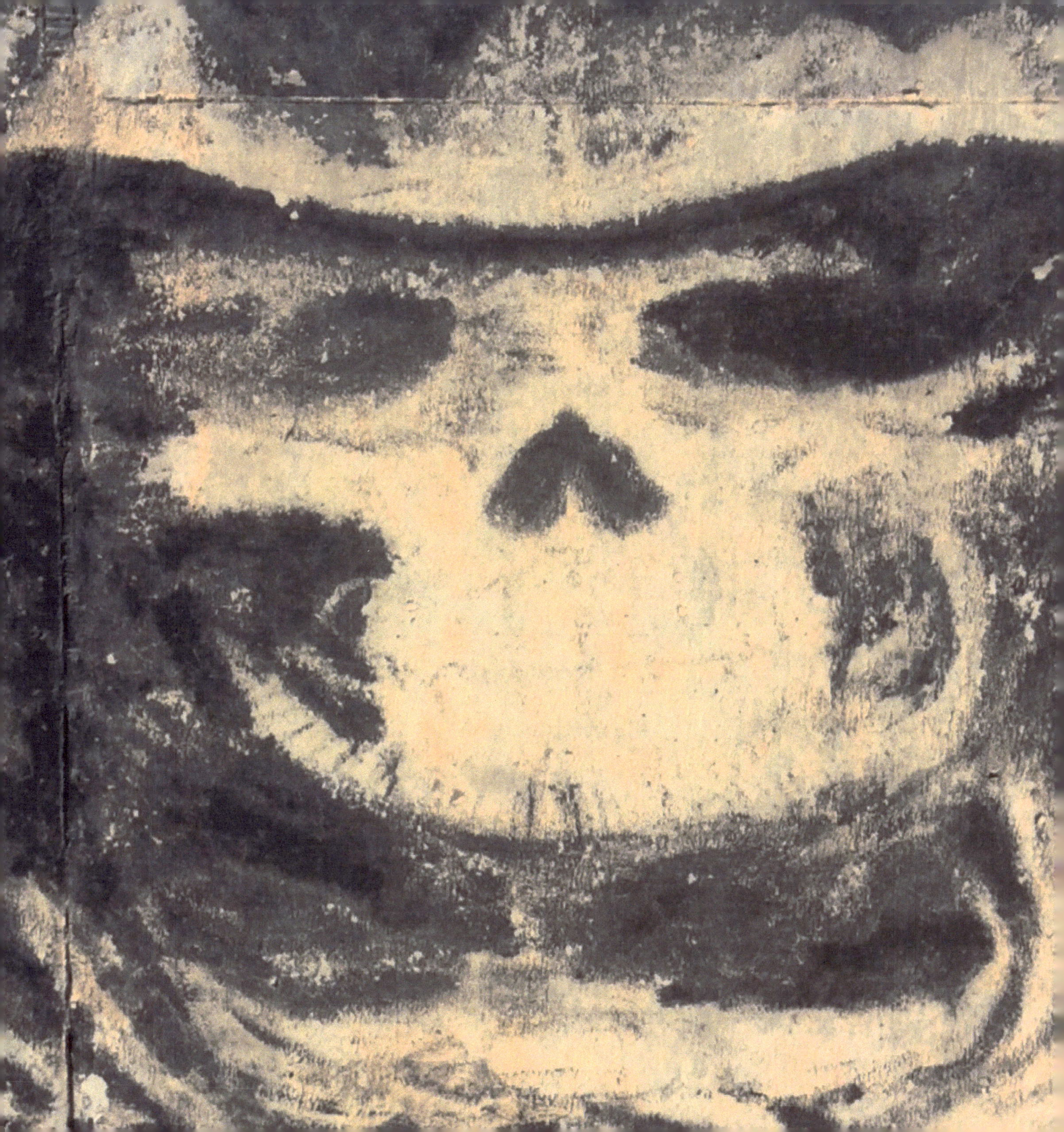

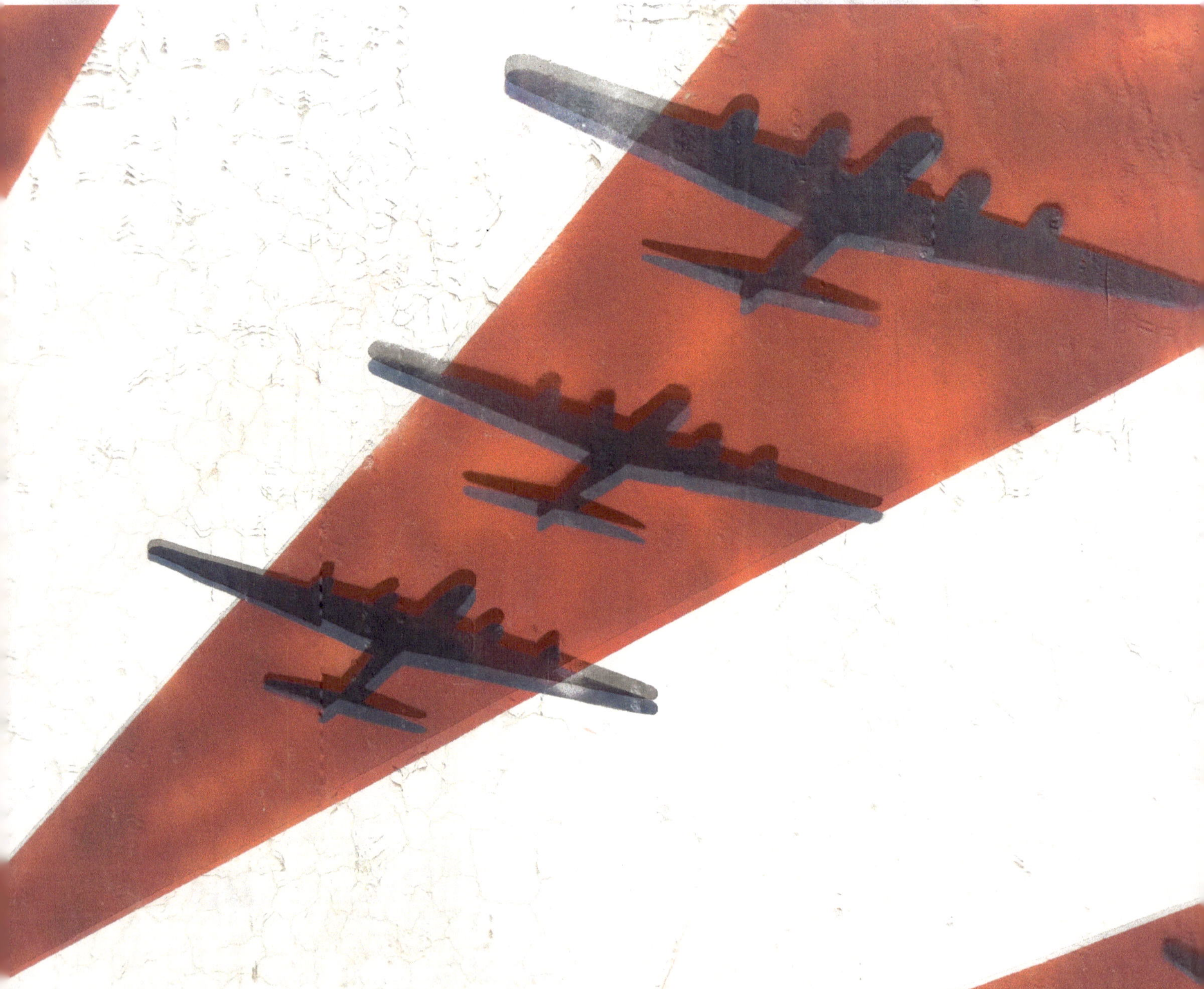

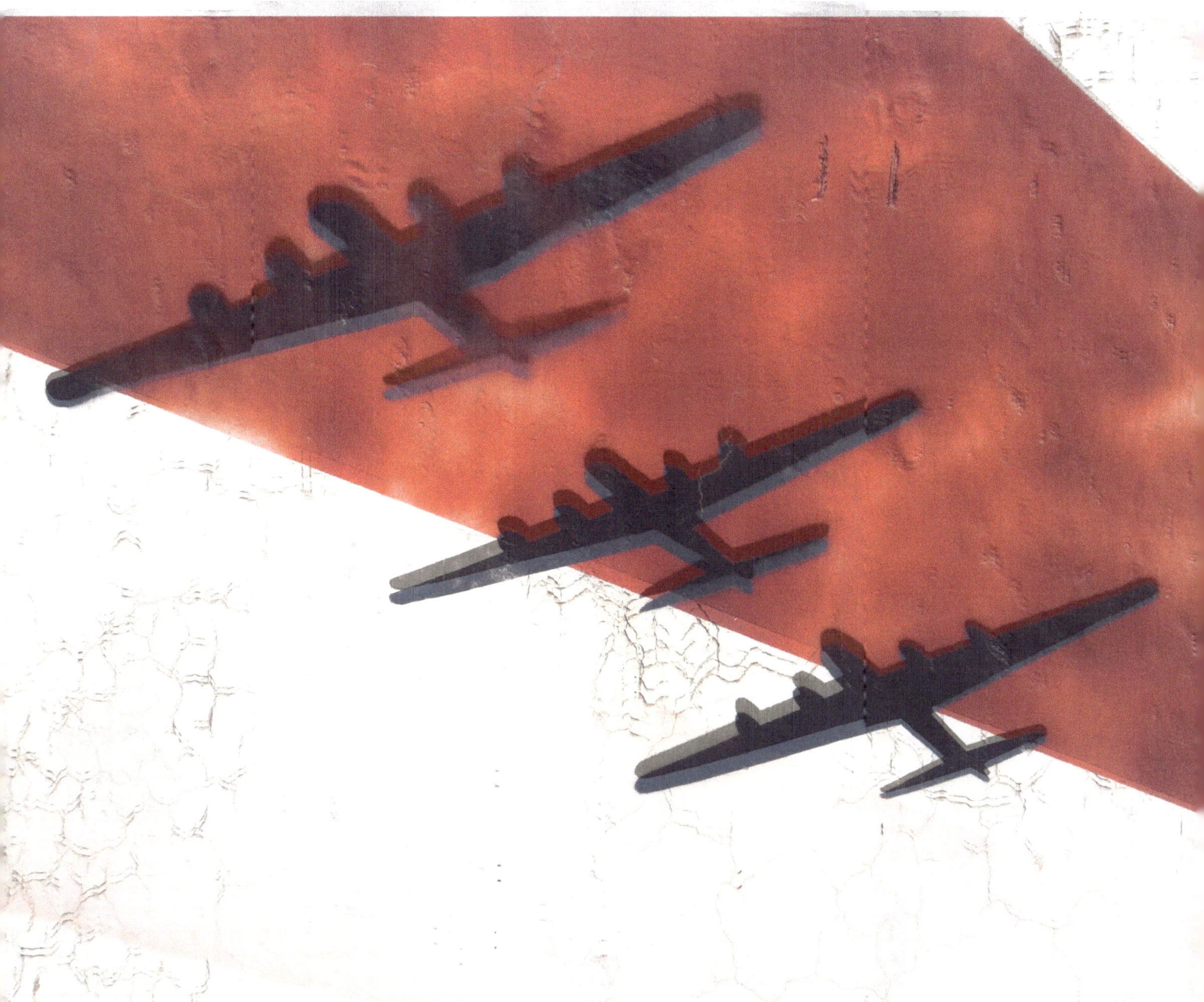

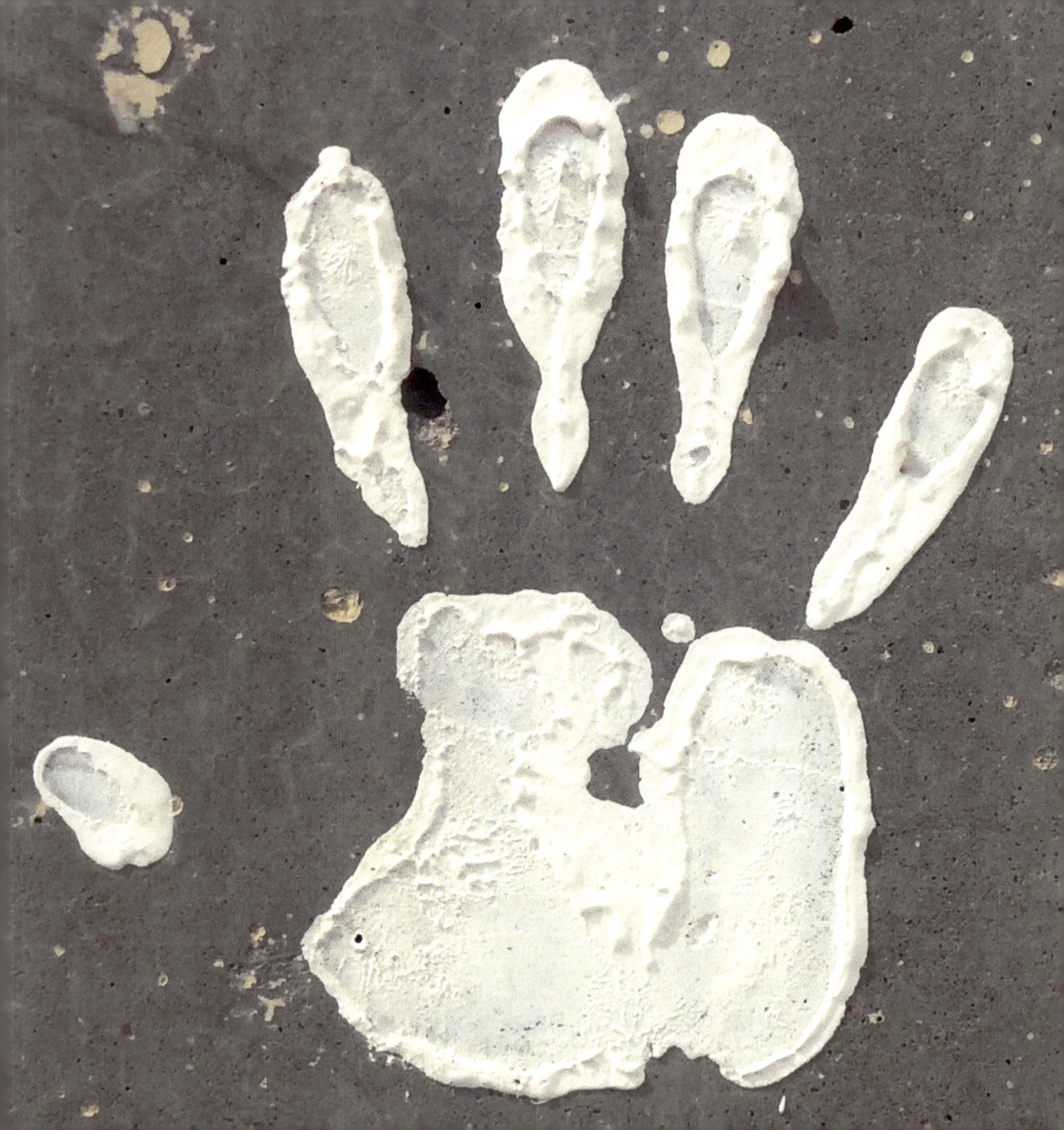

MNSFERA.COM/BUEHRING

www.ingramcontent.com/pod-product-compliance
Lightning Source LLC
Chambersburg PA
CBHW051943210526
45473CB00006B/2367
9798642078785